Mon

Étoile

Mourante

**Histoires vraies d'amours impossibles,
d'ombres, de départs… et d'espoir.**

Auteur:

Smaille Eugène

Avant-propos

Ce livre est un mélange de fragments de vie. Certaines histoires sont les miennes, d'autres sont celles de personnes que j'ai croisées, écoutées, ou accompagnées. Toutes ont un point commun : elles sont vraies.

Je n'ai pas écrit ces chapitres pour donner des leçons, encore moins pour me poser en exemple. J'ai simplement voulu poser des mots sur ce que beaucoup vivent en silence. Parce que l'amour, aussi beau soit-il, peut parfois faire mal, troubler, déraciner, ou laisser des traces invisibles. Ce livre parle de ces amours-là. De ceux qu'on idéalise, de ceux qu'on rate, de ceux qu'on détruit sans le vouloir. Mais aussi de ceux qui nous construisent, même dans la douleur.

Je sais que beaucoup de personnes vont s'y reconnaître. Pas forcément dans tous les chapitres, mais peut-être dans une phrase, une situation, un sentiment. Ce livre est pour celles et ceux qui ont aimé trop, pas assez, ou simplement au mauvais moment. Pour ceux qui ont dû partir malgré l'attachement, ou rester malgré la souffrance. Pour ceux qui essaient de comprendre ce qu'ils ont vécu. Et pour ceux qui apprennent à aimer à nouveau, autrement.

Chaque chapitre raconte un type d'amour. Parfois destructeur, parfois silencieux, parfois impossible. Mais à travers ces histoires, il y a aussi une évolution. Celle d'un cœur qui a appris, parfois à ses dépens, et qui aujourd'hui, se sent prêt à aimer avec plus de conscience, de calme et de maturité.

Si tu lis ce livre, c'est peut-être que tu ressens encore quelque chose que tu n'arrives pas à nommer. J'espère que ces mots t'aideront à le faire. Ce n'est pas un guide, ce n'est pas une recette. C'est juste une main tendue à travers des souvenirs et des vérités qu'on n'ose pas toujours dire.

Bienvenue dans ces pages. Elles ne sont pas parfaites, mais elles sont sincères.

— **Moi.**

Table des matières

Introduction générale

Il y a des histoires qu'on ne vit qu'une fois.
Et puis, il y a celles qu'on ne vit jamais… mais qui nous habitent pour toujours.

Ce livre est né de ces absences-là.
Pas celles qu'on oublie. Mais celles qu'on porte.
Celles qui ne crient pas, mais qui résonnent.
Celles qui n'ont pas de fin concrète, mais qui ont laissé un goût d'inachevé.

L'amour, dans notre imaginaire, se veut pur, réciproque, limpide.
Mais la réalité, elle, est bien plus complexe.
Il y a des amours qu'on n'a pas su nommer, d'autres qu'on n'a pas pu retenir.
Certains qui nous ont brisés, d'autres qui nous ont construits… sans jamais se concrétiser.

Ce livre n'est pas une déclaration, ni un règlement de compte.
C'est une traversée.
Un chemin entre les émotions qu'on tait, les cicatrices qu'on cache, et les souvenirs qu'on ne sait pas où ranger.

Les lettres que tu t'apprêtes à lire sont inspirées de réalités
souvent invisibles :
celles qui naissent dans les regards détournés, dans les mots
non-dits, dans l'attente discrète ou dans la fuite sincère.

Tu n'y trouveras pas de contes parfaits.
Mais tu y reconnaîtras peut-être des fragments de toi.
Des instants où tu as aimé, espéré, attendu, échoué.
Des chapitres qui ne sont pas toujours glorieux… mais
profondément humains.

C'est un livre pour ceux qui n'ont pas toujours su dire ce
qu'ils ressentaient.
Pour ceux qui ont aimé sans retour, ou quitté à contre-cœur.
Pour ceux qui ont reconstruit leur cœur en silence, ou aimé
trop tôt, trop mal, ou trop fort.

Si tu t'y perds, c'est que tu y étais déjà.
Et si tu t'y retrouves, sache que tu n'es pas seul.
Parfois, poser les mots suffit à alléger un peu ce qu'on
porte.

Ce livre est pour toi.
Celui qui lit, celui qui ressent, celui qui guérit.

Présentation des chapitres

Ce livre explore différentes formes d'amour à travers quatorze récits initiaux, complétés par sept autres. Chaque chapitre aborde une expérience émotionnelle unique, marquée par une intensité particulière, un déséquilibre, un manque, ou une transformation intérieure. Ces amours ne se ressemblent pas, mais tous laissent une empreinte.

- **Chapitre I – Exile**
  Celui qu'on aime mais qu'on ne peut pas garder. L'amour rendu impossible par les circonstances, les distances ou les choix de vie.

- **Chapitre II – Fracture**
  Celui qui laisse un goût amer. Quand la confiance se brise et que l'amour devient une source de douleur.

- **Chapitre III – Trop Tôt**
  Un amour né trop tôt, entre deux cœurs encore immatures, pas encore prêts à aimer sainement.

- **Chapitre IV – Seul à Deux**

  Aimer sans retour. Quand l'un donne tout pendant que l'autre regarde à peine.

- **Chapitre V – Tué dans l'Œuf**

  Celui qu'on n'ose pas vivre. Quand les sentiments sont là, mais que le contexte ou la peur le condamne au silence.

- **Chapitre VI – Lourd à Porter**

  Ce chapitre raconte l'histoire d'un amour déséquilibré : quand l'un aime sincèrement, et l'autre aime la façon dont il est aimé.

- **Chapitre VII – L'Adieu qui protège**

  Le cœur de cette lettre, c'est un adieu par amour, un départ pour protéger l'autre, un aveu de fragilité et de lucidité.

- **Chapitre VIII – Couteau Doux**

  Une relation intense, marquée par les blessures du passé, où l'amour devient aussi douloureux qu'essentiel.

- **Chapitre IX – Malgré Tout**
  L'histoire d'un amour qui a choisi de rester après une trahison, croyant encore à la réparation, mais qui a fini par s'éteindre lentement, usé par les récidives et les illusions.

- **Chapitre X – Silence Aimant**
  Quand tout est ressenti mais rien n'est dit. L'amour caché, dissimulé, que l'on vit à l'intérieur.

- **Chapitre XI – L'échange**
  Quand l'un est sacrifié au nom du confort. Remplacé non par un meilleur amour, mais par une meilleure situation.

- **Chapitre XII – Trop Tard, Trop Juste**
  Quand les sentiments sont réciproques, mais que les moments de vie ne s'alignent pas.

- **Chapitre XIII – Miroir Brisé**
  Un amour qui nous reflète, qui nous confronte à nous-mêmes, pour le meilleur ou pour le pire.

- **Chapitre XIV – Retenue**

  Quand on aime, mais qu'on se retient par respect pour une autre personne, ou pour une situation qui nous dépasse.

- **Chapitre XV – Faim de Toi**

  Un amour qui devient un besoin, où l'on confond attachement profond et peur de la solitude.

- **Chapitre XVI – Lien Empoisonné**

  Quand l'amour devient une lutte, une obsession, ou un rapport de force destructeur.

- **Chapitre XVII – Ce qui Tient**

  Un amour qui traverse les tempêtes et renaît plus fort, construit dans l'acceptation et l'effort.

- **Chapitre XVIII – L'usure douce**

  Ce récit dépeint un amour encore présent mais vidé de son élan, où les sentiments subsistent sans avenir, et où l'on aime encore… mais plus assez pour construire à deux.

L'amour prend mille formes, mais il nous transforme
toujours.

Il ne nous laisse jamais indemnes.

Voici les récits d'un homme qui a aimé de travers, trop tôt,
trop fort, ou pas assez.

Mais toujours sincèrement.

Ce que j'ai appris, je l'ai écrit.

Ce que j'ai perdu, je l'ai confié à ces lettres.

Chapitre I — Exile

« Il y a des corps qu'on quitte et des âmes qu'on habite
pour toujours. »

Je suis parti.

Le monde m'appelait,
la vie m'a poussé loin des bras qui savaient me calmer.
Et toi, tu es restée.
Sur cette terre que j'ai quittée,
avec ce regard qui me cherchait encore
alors que mes pas avaient déjà choisi l'exil.

Tu n'as pas crié.
Moi non plus.
Mais dans le silence entre nous,
il y avait tous les mots qu'on n'a pas su poser.

Je me souviens de ton odeur.
Elle s'accroche à mes souvenirs comme le sel au vent.
Je me souviens de ta voix,
de tes silences pleins de questions que je n'ai pas su
apaiser.

Et maintenant, il y a l'océan.

Un océan entre ta main et la mienne.

Entre tes rires et mes nuits.

Entre notre amour et ce que la vie exige de moi.

Tu es encore là,

mais de l'autre côté du monde.

Tu vis, tu respires, tu continues,

et moi, je t'attends sans t'attendre vraiment.

Chaque jour, je me demande :

Est-ce que tu m'écris dans ta tête ?

Est-ce que tu regardes la lune, espérant qu'on la regarde

ensemble ?

Est-ce que tu as gardé ma voix dans un coin de ta mémoire,

là où les souvenirs sont encore chauds ?

Je ne sais pas.

Mais moi, je t'ai gardée.

Pas comme un objet qu'on serre,

mais comme une lumière douce qu'on laisse flotter dans le

cœur.

Je t'écris sans te l'envoyer,

comme on écrit à une étoile filante qu'on a perdue de vue.

Je t'aime sans bruit,

comme un chant intérieur qu'on garde pour soi

quand le monde est trop fort.

J'aurais aimé que le temps nous attende.

Que les avions soient des ponts, pas des ruptures.

Que les frontières soient tendres,

et que les visas ne séparent pas les âmes.

Mais ce n'est pas ainsi que l'histoire s'écrit. Tu es loin,

mais tu es là.

Je te demande pardon.

Pardon de partir.

Pardon de te laisser avec cette impression de vide.

Pardon de ne pas pouvoir te dire exactement où on va.

Mais je te promets une chose : je ne joue pas.

Je n'ai jamais joué avec toi.

Tu es mon étoile.

Celle que je regarde de loin,

mais que j'aime de près.

Celle à qui je parle en silence,

chaque nuit avant de fermer les yeux.

Et maintenant…

Je vis avec ton souvenir
comme un feu discret dans la poitrine.

Tu m'as appris que l'amour ne suffit pas toujours,
que parfois partir, c'est aimer en silence.
Et que certaines absences
sont des formes secrètes de présence.

Que la vie te soit douce,
mon étoile restée là-bas,
sur cette terre que j'ai quittée,
mais qui, à cause de toi, ne me quitte jamais.

— Moi.

Chapitre II – Fracture

« Il y a des mains qui caressent et qui détruisent en même temps. Et des cœurs qui saignent encore pour celles-là. »

Lettre à mon étoile tombée, que j'ai aimée trop fort

Cette lettre, je ne sais pas si je l'écris pour toi… ou pour moi.

Je crois que c'est un peu des deux.

Car il y a encore une trace de toi dans ma voix quand je parle doucement,

dans mon silence quand je me rappelle,

et dans mes nuits où je cherche à comprendre.

Tu m'as trahi.

Mais je ne commence pas cette lettre par la colère.

Je commence par le souvenir.

Celui de ton sourire,

de tes mains qui tremblaient parfois quand tu disais que tu m'aimais.

Je commence par la tendresse,

parce que malgré tout, je t'ai aimée avec le cœur d'un
homme qui voulait construire.

Tu avais cette façon d'entrer dans ma vie comme une
lumière chaude,
et de partir comme un courant d'air glacial.
Je n'ai rien vu venir.
Ou plutôt… j'ai fermé les yeux,
parce que l'amour me rendait aveugle,
et que je voulais croire en toi plus qu'en mes doutes.

Tu n'as pas seulement partagé mon quotidien.
Tu as porté mes rêves,
tu as eu entre les mains des morceaux de moi que je ne
donnais à personne.
Et pourtant,
tu as choisi une autre voix,
une autre peau,
un autre rire pour t'y noyer.

Je me suis senti vide.
Petit.
Trahi.
Mais même là, dans cette douleur qui m'a plié le cœur,
je n'ai jamais réussi à te détester.

Je te demande pardon.

Oui, pardon.

Pas parce que je suis coupable,

mais parce que je me suis peut-être trop effacé pour te
garder.

Parce que j'ai trop aimé,

au point de m'oublier.

Et personne ne devrait aimer jusqu'à l'oubli de soi.

Tu es partie.

Tu as détruit ce qu'on construisait,

mais tu as aussi laissé une trace belle dans mon passé.

Et c'est cette trace que je choisis de garder.

Pas ta trahison.

Pas ta fuite.

Mais les moments vrais, les regards sincères,

ce qui a existé… avant que ça s'effondre.

Aujourd'hui, je ne t'attends plus.

Je ne te cherche plus dans les autres.

Je vis.

Avec cette cicatrice-là.

Et avec la tendresse intacte que j'ai pour toi,

malgré tout.

Bonne route, toi qui m'as brisé.

Je ne t'en veux plus.

Mais je ne reviens pas.

— Moi.

Chapitre III – Trop Tôt

« Certains amours ne manquaient pas d'intensité,
seulement de timing. »

Lettre à mon étoile trop tôt rencontrée

Je pense souvent à toi...
Pas avec douleur, mais avec ce soupir doux-amer qu'on
pousse
quand on se souvient d'un rêve qu'on n'a pas su vivre
jusqu'au bout.
Tu étais belle, mais pas seulement d'une beauté qu'on voit,
tu étais ce genre de présence qui apaise,
ce genre de voix qu'on écoute et qui fait taire nos tempêtes.

Et moi...
moi, j'étais un homme en désordre.
Un homme avec des valises pleines d'histoires non
digérées,
plein de silences mal rangés.
J'étais là, mais pas vraiment.

Présent, mais fuyant.

Aimant, mais incapable d'aimer comme il faut.

Je te demande pardon.

Pas seulement pour être parti,

mais pour être resté si longtemps à moitié.

Tu méritais un amour entier, un cœur prêt,

et moi, j'étais encore en train d'apprendre à recoller le

mien.

Tu n'étais pas le problème,

tu étais le cadeau arrivé trop tôt dans les mains d'un

homme qui n'avait pas fini de trembler.

Je t'aimais.

Je t'aimais de cette façon maladroite et silencieuse,

comme un garçon qui découvre l'eau mais a peur d'y

plonger.

Tu n'étais pas un passage,

tu étais une promesse que je n'ai pas su tenir.

Et chaque fois que je pense à toi,

je me demande ce qu'on serait devenus si la vie nous avait

laissés plus de temps,

si j'avais su rester,

ou si tu étais venue un peu plus tard,

quand j'aurais appris à ne plus fuir ce qui fait battre trop fort.

Aujourd'hui, j'avance.
Mais je te garde, quelque part dans un recoin calme de ma mémoire.
Je t'envoie parfois des pensées silencieuses,
pas pour que tu reviennes,
mais pour que tu saches que je n'ai pas oublié.
Que même si je suis parti,
je n'ai jamais cessé de te porter avec moi… en douceur.

Si un jour on se recroise,
je ne sais pas ce qu'on deviendra.
Mais je sais que je te regarderai avec gratitude,
et un respect infini pour celle que tu as été dans ma vie.
Merci d'avoir cru en moi, même quand moi je n'y arrivais plus.

Et pardon.
Pour être parti…
alors que j'aurais dû apprendre à rester.

— Moi.

Chapitre IV – Seul à Deux

« Certains cœurs donnent sans mesure, et finissent vidés dans le silence de ceux qui n'ont jamais su recevoir. »

Lettre à mon étoile trop pleine de moi

Tu sais,

je n'ai jamais su aimer à moitié.

Je ne sais pas faire semblant, ni doser l'intensité.

Quand j'aime, je me donne.

Quand je choisis, je m'oublie.

Et avec toi… je me suis oublié.

Tu étais ce rêve éveillé qui me tenait la main.

Je n'avais besoin de rien d'autre.

J'ai appris par cœur les chemins de ton sourire,

j'ai donné sans compter,

je t'ai aimée avec la foi d'un homme qui pensait que

l'amour suffisait.

Mais l'amour ne suffit pas quand il voyage seul.

Je t'ai aimée pour deux,

j'ai construit un pont entre ton silence et mon espoir,

et j'ai attendu sur le bord que tu traverses.

Tu ne l'as jamais fait.

Peut-être que tu ne voulais pas.

Ou peut-être que tu ne pouvais pas.

Et je ne t'en veux pas.

Je t'écris sans amertume.

Tu ne m'as pas menti : tu m'as juste laissé croire.

Et c'est moi, moi seul, qui ai refusé de voir que tu n'étais

pas là comme moi j'étais là.

Je me rappelle de tes absences même quand tu étais

présente.

De ces regards qui se perdaient ailleurs,

de tes réponses mécaniques,

de ta tendresse devenue polie.

Et moi, dans tout ça,

j'étais ce cœur trop plein,

ce trop d'amour dans un monde qui préfère l'équilibre aux

excès.

Je te demande pardon…

pas pour t'avoir trop aimée,

mais pour m'être perdu en toi.

Je me suis vidé à vouloir te remplir,

je me suis épuisé à attendre un écho.

Et quand tu es partie,

je n'ai pas crié.

Je me suis effondré en silence,

avec cette sensation étrange de ne plus savoir où je

commence.

Mais je guéris.

Doucement.

J'apprends à garder un peu d'amour pour moi,

à ne plus me dissoudre dans les autres.

Tu m'as appris que l'amour, pour être beau,

doit aussi revenir.

Et même si j'ai aimé seul,

même si tu es partie,

je te remercie d'avoir existé dans mon monde,

ne serait-ce que pour me rappeler que je suis capable

d'aimer grand,

même quand c'est trop.

Alors, va…

et si un jour tu te rappelles de moi,

souviens-toi de celui qui t'a aimée comme un refuge.

Avec excès, peut-être…

mais toujours avec vérité.

— Moi.

Chapitre V – Tué dans l'Œuf

« On ne se quitte pas toujours en claquant la porte.
Parfois, on s'éteint doucement... dans l'indifférence
partagée. »

Lettre à mon étoile devenue lointaine

Tu es là, quelque part.
Et pourtant, j'ai l'impression que tu n'existes plus.

On ne s'est pas quittés, pas vraiment.
Il n'y a pas eu de fin.
Juste un lent effacement…
Comme une photo qui perd ses couleurs,
comme une chanson qu'on aimait mais qu'on n'écoute
plus,
sans raison précise.

Je me souviens de nos fous rires, de nos longues
discussions nocturnes.
Des mots qui venaient tout seuls,
de cette impression d'être compris avant même de parler.
Mais maintenant,

je relis nos anciens messages comme on lit un vieux roman
:

avec nostalgie, et un peu de douleur.

Tu ne m'écris plus.

Je ne t'écris plus non plus.

Pas par orgueil.

Mais parce que je ne sais plus quoi dire.

Et peut-être que toi non plus.

On est devenus étrangers dans un monde qu'on avait
construit à deux.

Deux corps familiers,

deux cœurs silencieux.

Je sens encore ton nom dans mes doigts,

mais il glisse comme du sable.

Je ne sais pas quand c'est arrivé.

Peut-être quand les réponses sont devenues brèves.

Peut-être quand nos "je pense à toi" ont disparu.

Ou peut-être quand on s'est habitués à l'absence…

comme on s'habitue à un vide.

Et tu sais…

je t'en veux un peu.

Pas pour être partie.

Mais pour être restée sans être là.

Pour t'être effacée doucement, sans bruit,

comme si je n'avais jamais compté.

Je te demande pardon aussi.

Pour mon silence,

pour mes absences à moi,

pour mes attentes silencieuses.

Je voulais que tu luttes un peu,

que tu frappes à ma porte,

que tu poses des questions…

Mais tu n'as rien dit.

Et moi, j'ai compris.

Alors voilà.

Je garde de toi ce qu'il reste.

Quelques souvenirs doux,

un pincement au cœur,

et ce silence devenu normal.

Merci quand même.

D'avoir été là,

un moment.

Et si un jour nos chemins se recroisent,

je ne tournerai pas la tête.

Je te regarderai comme on regarde un fantôme qu'on a

aimé :

avec tendresse,

et sans regret.

— Moi.

Chapitre VI – Lourd à Porter

« Il y a des gens qui n'aiment pas ton cœur, mais qui aiment s'y réchauffer. »

Mon étoile

Tu ne m'as jamais aimé.

Et pourtant, tu n'as jamais voulu que je parte.

Parce que quelque part, tu aimais la façon dont **moi** je t'aimais.

Tu t'y retrouvais, dans ce regard que j'avais pour toi.

Il te rendait belle, unique, essentielle…

Même si, au fond, tu ne ressentais pas la même chose.

Tu ne voulais pas d'engagement.

Mais tu ne voulais pas non plus du vide que mon absence laisserait.

Alors tu es restée… à moitié.

Assez proche pour être désirée,

mais assez loin pour ne jamais aimer vraiment.

J'ai longtemps cru que tu avais peur.

Peur d'aimer, peur de te perdre, peur d'un passé non réglé.

Mais aujourd'hui je comprends :

Tu ne m'aimais pas.

Tu aimais être aimée.

Et j'étais bon pour ça. Trop bon, peut-être.

Tu te nourrissais de ma tendresse,

de mes attentions muettes,

de cette loyauté que je t'offrais sans condition.

Tu ne m'embrassais pas, mais tu ne me laissais pas respirer

non plus.

Tu ne me disais pas « reste »,

mais tu faisais tout pour que je ne m'en aille jamais

vraiment.

Et moi, j'étais là.

Comme un feu qu'on ne ravive pas, mais qu'on ne laisse

pas mourir.

Je me suis consumé à t'aimer doucement,

en silence,

en attendant un signe… qui ne viendrait jamais.

Je t'ai trop donné.

Et toi, tu as tout pris,

sans jamais avoir à rendre quoi que ce soit.

Pas par méchanceté.

Mais parce que mon amour te suffisait.

Il suffisait à combler un manque que je n'avais pas causé,

mais que j'entretenais malgré moi.

Aujourd'hui je pars.

Pas parce que je ne t'aime plus,

mais parce que je m'aime un peu plus.

Je ne veux plus être ce refuge temporaire,

ce cœur qu'on visite quand le sien est trop froid.

Tu m'as appris une chose :

Il ne suffit pas d'être aimé comme on le mérite.

Il faut aussi être aimé par quelqu'un qui **sait aimer**.

Et ce n'était pas toi.

— Moi.

Chapitre VII – L'Adieu qui protège

« Ce n'est pas parce que tu ne veux pas aimer, c'est parce que tu ne sais pas encore le faire sans abîmer l'autre. »

Lettre à celle qui méritait un homme prêt

Mon étoile,

Tu ne comprendras peut-être jamais tout à fait pourquoi je suis parti.
Et c'est peut-être mieux ainsi.
Parfois, le silence protège plus qu'il ne blesse.

Je t'aimais. Dieu, que je t'aimais.
Mais j'étais un homme à moitié construit,
un cœur en chantier,
un esprit encore en lutte avec ses ombres.
Je t'aimais avec tout ce que j'avais…
Mais ce que j'avais n'était pas encore assez.

Tu étais douce, stable, claire.
Moi, j'étais feu, chaos, fragments.
Je me suis vu te décevoir dans mes silences,

te blesser sans vouloir,

te perdre à petit feu sans le courage de t'en protéger.

Alors, j'ai choisi de partir.

Non pas parce que je ne t'aimais plus,

mais parce que j'avais trop peur de finir par t'abîmer.

Tu méritais quelqu'un de solide,

pas un homme qui court encore après ses propres réponses.

Tu méritais des bras sûrs, un regard rassurant,

pas ce cœur plein de guerre qui se battait pour ne pas te

faire de mal.

Je me souviens de la dernière nuit,

de ton regard qui ne comprenait pas,

de mes mains tremblantes et de ce baiser trop long.

Je voulais que ce soit doux, même si c'était la fin.

Je voulais que tu gardes de moi l'image d'un homme assez

courageux pour s'effacer.

Je t'ai aimée comme un fou lucide.

Et ce que je n'ai pas pu te donner à ce moment-là,

je l'ai construit depuis dans mes silences.

Tu ne le verras jamais,

mais sache que tu as été l'étincelle de ma reconstruction.

Je ne reviendrai pas.

Ce n'est pas une promesse,

c'est une vérité.

Je t'écris pour te dire que je suis désolé,

et que j'espère que le prochain t'aimera avec des bras
entiers,

pas des bouts d'âme recousus.

Merci d'avoir cru en moi.

Merci de m'avoir aimé, même quand je ne le méritais pas.

Tu as été ma lumière…

dans un temps où je ne savais pas encore marcher vers elle.

— Moi.

Chapitre VIII – Couteau Doux

« Certains cœurs effraient, non pas parce qu'ils blessent,
mais parce qu'ils aiment trop fort. »

Lettre à celle que j'ai trop aimée

Mon étoile,

Je t'ai aimée comme on aime quand on pense que c'est la
dernière fois.
Avec cette peur panique de te perdre,
avec ce besoin viscéral de te montrer chaque jour à quel
point tu comptais.
Je ne me suis pas ménagé.
Je me suis offert, entier.
Et peut-être que c'est là que j'ai fauté.

Tu voulais de l'espace,
je t'ai donné des bras.
Tu voulais du silence,
je t'ai écrit des poèmes.
Tu voulais du temps,
je t'ai offert mes nuits.

J'ai cru qu'aimer, c'était se donner sans condition.

J'ai cru que mes attentions te feraient te sentir unique.

Mais à force de tout donner, j'ai oublié de respirer,

et tu as fini par te noyer dans ce trop-plein d'amour.

Je n'ai jamais voulu t'étouffer.

J'ai juste voulu te sécuriser, te couvrir de tendresse,

t'aimer comme j'aurais aimé qu'on m'aime.

Mais parfois, aimer fort fait peur à ceux qui ne savent pas

encore comment recevoir.

Tu es partie doucement,

comme on éteint une lumière pour ne pas réveiller la pièce.

Et je suis resté là,

à me demander ce que j'avais fait de mal.

Mais peut-être que ce n'était pas moi…

peut-être que tu ne savais pas quoi faire d'un amour qui ne

te demandait rien en retour.

Je suis désolé.

D'avoir été trop.

D'avoir été là trop souvent.

D'avoir aimé trop grand, trop tôt, trop vrai.

Je ne regrette rien,

si ce n'est de t'avoir donné un amour que tu n'étais pas

prête à recevoir.

Et je te souhaite un jour de comprendre…

que ce n'est pas l'intensité qui blesse,

mais l'absence de réciprocité.

Je continue d'aimer,

différemment.

Moins bruyamment.

Mais toi,

je ne t'oublie pas.

— **Moi.**

Chapitre IX – Malgré Tout

« Il y a des blessures qu'on pardonne… mais qu'on ne peut plus épouser. »

Lettre à celle que j'aime encore, mais plus assez pour l'appeler "ma femme"

Tu m'as trompé.
Je le savais.
Je l'ai senti bien avant de l'entendre.
Et pourtant…
je suis resté.

J'aurais pu claquer la porte,
devenir ce cliché de l'homme blessé
qui disparaît sans un mot.
Mais je t'aimais trop pour partir au premier coup de ton erreur.

Alors je suis resté.
Par amour,
par faiblesse peut-être,
par espoir surtout.

Je me suis convaincu

que l'amour, le vrai,

supporte l'imparfait.

Et je t'ai pardonnée.

Pas du bout des lèvres.

Je t'ai vraiment pardonnée.

Je me suis battu contre mes doutes,

j'ai retenu mes colères,

j'ai ravalé l'humiliation.

Pour toi.

Pour nous.

Mais tu l'as refait.

Et là,

quelque chose en moi s'est brisé plus doucement,

mais plus profondément encore.

Tu vois,

le problème, ce n'est pas que je ne t'aime plus.

Je t'aime toujours.

Mais je ne peux plus t'aimer de la même façon.

Je ne peux plus imaginer ma vie future

avec quelqu'un dont les pas m'ont déjà échappé deux fois.

Je ne veux pas vivre avec un cœur en surveillance.

Je ne veux pas te regarder dormir

et me demander si tu rêves d'un autre.

Je t'aime trop

pour t'emprisonner dans mes doutes.

Et je m'aime assez

pour ne pas devenir l'ombre d'un homme.

Je te demande pardon…

Pardon si tu m'espérais plus fort.

Pardon si tu penses que je t'abandonne.

Mais rester, cette fois,

ce serait m'abandonner moi-même.

Tu étais belle,

tu étais douce,

tu étais l'amour dans mes tempêtes.

Mais tu as aussi été l'épreuve de trop.

Alors je pars.

Avec dignité.

Sans haine.

Mais avec cette tendresse qui dit :

« Je t'ai vraiment aimée.

Et c'est justement pour ça
que je ne peux plus te choisir. »

— **Moi**

Chapitre X : Silence Aimant

« Aimer sans le dire, c'est hurler sans bouche. »

Lettre à celle qu'on a aimée dans le silence

Je t'ai aimée sans le dire,

dans cette nuit silencieuse où les mots n'avaient plus de

place.

Mon cœur, tout entier, battait pour toi,

mais ma bouche restait scellée,

comme une porte fermée que l'on n'ose ouvrir.

Je n'ai jamais osé te le dire,

par peur d'être rejeté, par peur de tout briser.

Aimer sans le dire, c'est une douleur douce,

c'est une souffrance cachée sous un masque d'indifférence.

J'ai appris à te regarder sans que tu le saches,

à respirer ton parfum sans que tu ne me voies,

à aimer dans l'ombre, dans la lumière douce de ce qui ne se

dit pas.

Aujourd'hui, en repensant à toi, je me rends compte

qu'il n'y a jamais eu de fin,

juste un lent effacement, une distance que je t'ai imposée.

Peut-être que j'avais peur de la vérité,

peut-être que j'avais peur de ce que cela signifierait

si je t'avais avoué cet amour enfoui.

Peut-être que tu ne l'aurais même pas compris,

ou que tu n'aurais pas voulu l'entendre.

Je te demande pardon.

Pardon d'avoir aimé sans te le dire,

pardon d'avoir laissé cette part de moi dans l'obscurité.

Je ne t'ai pas ouvert mon cœur,

je t'ai laissée dans un silence lourd de sens.

Et pourtant, ce silence,

ce silence était mon cri.

Je n'ai pas su le faire autrement.

Je n'ai pas su briser les chaînes de ma propre peur.

Je ne veux pas te garder dans ce silence éternel.

Je veux simplement te dire que je t'ai aimée,

sans conditions, sans attentes,

mais avec tout ce que j'avais à offrir.

Et si tu ne l'as jamais su,

je suis désolé.

Pardon.

Peut-être qu'un jour, dans un autre monde,

nos mots se croiseront.

Et peut-être que ce silence se brisera.

Mais, en attendant, je garderai ton souvenir

dans ce coin secret de mon cœur,

celui où je n'ai jamais cessé de t'aimer,

en silence.

— Moi.

Chapitre XI – L'échange

« Certains choix ne brisent pas le cœur... ils le réveillent. »

Lettre à l'étoile qui a choisi l'or, et non le cœur

Je t'ai regardée partir…
pas comme on regarde une étoile filer,
mais comme on regarde une vérité tomber d'un ciel qu'on
croyait encore bleu.

Tu m'as comparé.
Pesé.
Mesuré.
Et jugé insuffisant.

Tu ne l'as pas dit avec délicatesse.
Tu l'as balancé,
cru,
brut,
comme une gifle qu'on donne à un homme qui espérait
encore.

Lui, il a de l'argent.

Moi, j'avais le cœur.

Et dans ton monde à toi,

c'est la richesse qui tient chaud,

pas les bras d'un homme sincère.

Tu n'as pas choisi "un autre".

Tu as choisi ce qu'il possède.

Et pour ça, tu m'as piétiné,

dénigré,

comme si aimer sans fortune était un crime,

comme si mes sentiments pesaient moins qu'un

portefeuille.

Mais je ne t'en veux pas.

Je ne peux pas en vouloir à quelqu'un qui ne sait pas aimer

comme moi.

Je ne t'en veux pas,

parce que je t'aimais vraiment.

Et c'est justement pour ça que ça fait si mal.

Tu étais cette femme que j'aurais protégée de tout,

sauf de son propre vide.

Tu étais mon "peut-être",

mon "et si…",

mon "on verra".

Mais tu es devenue mon "jamais".

Tu vois…

je ne suis pas fâché.

Je suis triste.

Triste que tu aies cru que l'amour s'achète.

Triste que tu m'aies regardé avec mépris,

alors que j'aurais donné le peu que j'avais pour t'élever.

Je ne serai jamais riche comme lui.

Mais j'aurais été riche de toi.

Et ça,

ça ne te suffisait pas.

Alors je pars,

non pas parce que je n'étais pas assez,

mais parce que tu voulais trop peu.

Pardon,

de t'avoir offert un amour simple

dans un monde compliqué.

Pardon,

de ne pas avoir su briller autrement qu'avec mon cœur.

50

Et surtout…

merci.

Merci de m'avoir montré que je mérite d'être aimé sans
condition,

sans balance,

sans calcul.

Je te laisse à ton autre moitié.

Et je reprends la mienne.

Abîmée,

mais intacte.

— Moi

Chapitre XII – Trop Tard, Trop Juste

« À chaque fois qu'on s'est retrouvés, c'était déjà trop tard pour l'un de nous. »

Lettre à toi, l'éternelle presque

On s'est croisés toute une vie.
À des moments différents,
dans des corps mûrs ou trop jeunes,
dans des rues connues ou des hasards improbables.

Tu étais toujours là,
au mauvais moment.
Ou peut-être étais-ce moi.

Quand j'étais prêt à aimer, tu sortais d'un chagrin.
Quand tu étais ouverte au bonheur,
je m'accrochais encore à mes ruines.

Chaque retrouvaille ressemblait à un miracle raté.

Comme si le destin voulait nous offrir une chance,

mais toujours avec un pas de décalage.

Je me souviens de nos sourires polis,

de ces "ça fait longtemps" qui masquaient les "et si…"

Je me souviens de ton parfum resté sur mon pull,

alors que je rentrais seul, encore une fois.

Et je me souviens de mes rêves,

où nos vies coïncidaient enfin,

mais toujours au réveil,

tu t'évaporais.

On ne s'est jamais embrassés.

Pas vraiment.

Mais je jure que mon âme, elle, a embrassé la tienne mille fois.

Tu as été mon fantasme le plus calme,

mon regret le plus doux.

Pas une douleur vive,

non…

Un vide tranquille.

Comme une chanson qu'on ne finit jamais,

par peur d'en gâcher la magie.

Pardon.

Pardon pour les fois où je suis parti trop tôt,

ou resté trop tard.

Pardon d'avoir cru qu'on se retrouverait toujours.

On n'a jamais eu le bon timing.

Mais dans une autre vie,

je t'aimerai à la seconde où je te verrai.

Et je te le dirai.

Sans attendre.

— **Moi.**

Chapitre XIII – Miroir Brisé

« On s'est aimés comme deux feux qui se consument l'un l'autre. »

Lettre à mon reflet déformé par l'amour

Tu étais moi.

Dans ta façon de parler, de penser, de fuir.

Dans tes blessures mal refermées,

dans cette rage tendre que tu cachais sous ton sourire.

Tu étais ce miroir qu'on regarde trop longtemps

et qui finit par nous avaler.

Je t'ai aimée comme on aime une vérité interdite.

Avec fascination, avec peur.

Je t'ai reconnue avant même de te connaître.

Comme si nos âmes s'étaient déjà croisées

dans une douleur ancienne.

Tout était fluide,

trop peut-être.

On devançait nos silences,

on devinait nos peurs.

Et c'était beau…

jusqu'à ce que ça brûle.

On s'est consumés à vouloir se comprendre.

À vouloir guérir chez l'autre ce qu'on refusait de soigner en
soi.

On était trop pareils.

Deux cœurs trop sensibles,

trop lucides,

trop abîmés.

Je t'aimais,

mais parfois, t'aimer me rappelait tout ce que je détestais
chez moi.

Et je sais que c'était pareil pour toi.

On se voyait trop bien.

On se regardait sans filtre.

Sans mensonge.

Et c'est peut-être pour ça qu'on s'est détruits.

Je ne te blâme pas.

Je me blâme autant.

Mais je te demande pardon.

Pardon pour n'avoir pas su aimer ton reflet sans y projeter

mes ombres.

Pardon de t'avoir fait payer mes tempêtes.

Pardon d'avoir aimé une version de moi à travers toi…

plutôt que de te voir pour ce que tu étais vraiment.

Tu étais moi.

Et j'ai dû te perdre pour ne pas me perdre tout à fait.

— Moi.

Chapitre XIV – Retenue

*« Le respect m'a gardé loin de toi, même quand tout hurlait
en moi d'y aller. »*

Lettre à celle que j'ai aimée en silence, par devoir

Tu étais là.

Accessible, douce, lumineuse.

Et pourtant, je ne pouvais pas te toucher.

Pas parce que tu étais interdite,

mais parce que tu étais sacrée.

Je t'aimais.

D'un amour calme, profond, respectueux.

Un amour que je cachais dans les plis de mes silences,

parce qu'en te regardant,

j'aurais pu tout oublier…

sauf mes principes.

Je t'aimais sans rien dire,

par loyauté envers d'autres,

par fidélité à mes promesses,

à mes engagements d'avant toi.

Je t'aimais sans te frôler,

sans jamais franchir la ligne invisible

qui séparait le cœur du devoir.

Et chaque jour, je mourais un peu.

À chaque sourire que tu me lançais sans le savoir,

à chaque regard que je détournais

par peur d'y laisser mon âme.

Je t'aimais sans condition,

mais avec toutes les conditions du monde.

Je ne sais pas si tu as su.

Je ne sais pas si tu as senti ce feu étouffé

dans mes gestes mesurés,

dans ma voix qui tremblait parfois.

Mais moi, je me souviens.

Je me souviens de tout ce que j'ai tu.

De tout ce que j'ai voulu hurler

et que j'ai noyé dans la loyauté.

Je te demande pardon.

Pardon de ne jamais t'avoir dit à quel point tu comptais.

Pardon de t'avoir aimée en silence,

comme on garde un secret trop pur pour être sali par la

réalité.

Pardon de ne pas avoir eu le courage de choisir l'amour,
et d'avoir choisi l'honneur à la place.

Mais tu sais,
je t'ai portée en moi comme un serment muet.
Et même si le monde ne saura jamais ce que nous avons
été,
moi, je m'en souviendrai.
Toujours.

— Moi.

Chapitre XV – Faim de Toi

« Tu m'as aimé, mais c'est moi qui t'ai aimé par besoin,
par vide, par manque. »

Lettre à celle que j'ai aimée par dépendance

Ma douce étoile,
Je t'écris pour t'expliquer ce qui, souvent, se cache dans le
silence.
L'amour que je t'ai donné, c'était un cri muet,
un appel désespéré dans l'obscurité de mon âme.

Je t'aimais, mais pas comme tu méritais,
car mon amour était teinté de dépendance,
un amour qui se nourrissait de tes gestes, de tes mots,
comme un asile que l'on ne veut plus quitter, même quand
il détruit.

Je n'ai pas su aimer sans avoir besoin,
sans cette soif qui me brûlait l'intérieur.
J'ai pris sans donner,

j'ai compté sur toi pour combler des fissures
que toi seule n'aurais pas dû réparer.

Je suis désolé,
désolé de ne t'avoir jamais donné un amour libre,
désolé de t'avoir fait croire que tu étais ma bouée de
sauvetage,
alors que je n'étais qu'un naufragé,
trop faible pour nager par moi-même.

Tu méritais la légèreté,
un amour qui ne s'accroche pas à toi comme un fardeau.
Tu méritais un amour serein, sans chaînes,
un amour qui ne te demandait pas de réparer les morceaux
brisés de mon cœur.

Et pourtant, je t'ai emportée dans ma tempête,
je t'ai laissée te noyer dans mes besoins insatiables,
mes demandes sans fin, mes attentes jamais satisfaites.
Tu m'as aimé avec tout ce que tu avais,
mais je n'ai pas su te rendre cet amour pur.

Aujourd'hui, je suis seul avec mes failles.
Je ne peux pas revenir vers toi,
je ne peux pas effacer ce qui est fait.

Mais sache que tout ce que tu m'as donné,

je l'ai gardé, comme un souvenir brûlant de ce que j'aurais

dû être.

Je t'écris cette lettre, non pas pour me justifier,

mais pour te dire que je suis désolé,

désolé de t'avoir aimé d'une manière qui ne te rendait pas

justice.

Je suis désolé de n'avoir pas su t'aimer sans dépendre de

toi.

Tu étais celle qui illuminait mes ténèbres,

et je n'ai pas su t'offrir un ciel dégagé.

Merci de m'avoir aimé,

même quand tu ne le méritais pas,

même quand j'étais trop égoïste pour voir la beauté de ton

amour.

Je ne reviendrai pas,

je ne reviendrai pas dans la tempête que j'ai créée.

Mais sache que, même dans ma dépendance,

tu as été mon étoile,

et tu m'as appris ce que l'amour véritable aurait dû être.

— **Moi.**

Chapitre XVI – Lien Empoisonné

« L'amour toxique est celui où chaque parole est un poison et chaque geste un poison déguisé. »

Lettre à celle que j'ai aimée dans un tourbillon de destruction

Mon étoile,
Je t'écris aujourd'hui avec la conscience claire d'avoir été pris dans une spirale destructrice,
un amour où la passion se confondait avec la souffrance,
un amour où chaque caresse avait le goût amer de la dépendance,
et où chaque éclat de rire cachait une douleur silencieuse.

Je t'ai aimée,
mais cet amour était un poison que l'on avale en toute innocence,
pensant que chaque goutte est nécessaire à la survie,
alors qu'en réalité, elle nous tue lentement, sans crier gare.

Nous avons dansé ensemble,

mais c'était une danse sur le fil du rasoir,

chaque pas risquant de briser ce fragile équilibre.

Je t'ai aimé, mais j'ai aussi détruit,

comme si mon amour avait un côté sombre,

un côté qui se nourrissait de nos vulnérabilités.

Je te demandais trop.

Je te donnais peu,

et pourtant je t'attendais pour tout.

Et toi, tu me donnais ce que tu avais de plus précieux,

mais je t'ai laissée vider de toi-même,

comme si ton amour était une source inépuisable.

Je suis désolé.

Désolé de t'avoir fait croire que l'amour pouvait se nourrir
de souffrance,

d'avoir tissé des chaînes invisibles entre nous,

chaînes que tu ne voyais pas, mais qui t'enserraient chaque
jour un peu plus.

Je t'ai aimée dans une obsession qui t'a étouffée,

et je ne m'en suis même pas rendu compte avant qu'il ne
soit trop tard.

Il y a des amours qui semblent forts au début,

parce qu'ils sont intenses,

mais qui, en réalité, ne sont que des illusions,

des failles dissimulées sous des sourires forcés.

Je suis désolé de ne pas avoir vu ces failles,

de ne pas avoir su me retirer avant que tout ne devienne

trop lourd.

Tu méritais plus que ce chaos.

Tu méritais un amour qui ne te vide pas,

qui ne te laisse pas brisé,

un amour qui te remplit et te fait grandir.

Mais moi, je n'ai pas su te donner ce genre d'amour.

Je t'écris cette lettre pour te dire que je suis conscient de

ma responsabilité.

Je sais maintenant que l'amour ne doit pas être une guerre,

ni une prison.

L'amour doit être une libération,

un lieu où deux âmes peuvent se rencontrer et s'épanouir,

et non un lieu où l'on se détruit lentement.

Je suis désolé de t'avoir fait croire que tu méritais de

souffrir pour m'aimer.

Tu méritais un amour sain,

un amour qui te fasse sourire au lieu de pleurer.

J'ai appris à la dure qu'un amour toxique détruit tout sur son passage,

et je suis vraiment désolé d'avoir été celui qui a détruit la beauté que tu étais.

Je ne reviendrai pas.

Mais j'espère que tu trouveras un amour qui guérira toutes les blessures que j'ai causées.

Un amour libre, sain et nourrissant.

Je te remercie d'avoir été là,

et je m'excuse profondément pour tout ce que j'ai pu te faire endurer.

— Moi.

Chapitre XVII – Ce qui Tient

« L'amour résilient est celui qui renaît de ses cendres, prêt à aimer à nouveau, même après avoir été brisé. »

Lettre à celle que j'ai aimée malgré tout

Mon étoile,
Je t'écris après avoir traversé des tempêtes,
après avoir vu mon cœur se briser et se reconstruire,
comme une étoile filante qui éclate en mille morceaux
avant de renaître,
plus forte, plus brillante, plus consciente.

Notre amour a été forgé dans les épreuves,
un amour qui n'a pas cédé à la première difficulté,
mais qui s'est parfois retrouvé à genoux,
fragile, épuisé, et pourtant prêt à se relever.
Je t'ai aimée dans la douleur,
mais aussi dans la guérison,
car chaque souffrance nous a rapprochés,

et chaque obstacle nous a appris à nous aimer d'une manière plus profonde.

L'amour résilient, c'est cet amour qui ne s'éteint pas, même après la tempête.
C'est l'amour qui, malgré tout, se relève,
qui trouve la force de pardonner, de se reconstruire et de recommencer.
Nous avons été brisés, mais nous avons aussi su nous réparer.
Et cela, même si nos cicatrices restent visibles,
elles font partie de notre histoire.

Je t'ai aimé avec mes faiblesses,
et tu m'as aimé avec les tiennes.
Nous avons appris à nous aimer dans nos imperfections,
à comprendre que l'amour ne signifie pas l'absence de douleur,
mais la capacité à se tenir l'un l'autre même quand la douleur frappe.

Je suis désolé pour les moments où je n'ai pas été assez fort,
pour les instants où j'ai failli abandonner,
mais je sais maintenant que c'est dans la fragilité que l'on

trouve souvent la vraie force.

Nous avons survécu à tant de choses,

et pourtant, je suis persuadé que nous avons aussi appris à

nous aimer encore plus fort.

Tu m'as appris la résilience,

tu m'as montré que l'amour véritable n'est pas une

destination,

mais un chemin, parfois tortueux, mais toujours riche

d'enseignement.

Et même si ce chemin nous a emmenés loin l'un de l'autre,

je sais que ce que nous avons partagé a été essentiel pour

nous deux.

Je ne regrette rien,

car chaque moment passé à tes côtés m'a fait grandir,

m'a appris à aimer autrement,

avec une profondeur que je ne connaissais pas auparavant.

Et si un jour nos chemins se croisent à nouveau,

ce sera avec un amour plus mature, plus solide,

et peut-être même plus résilient.

Merci pour tout ce que tu m'as apporté.

Merci pour ton amour, pour ta patience, pour ta force.

Tu resteras dans mon cœur,
peu importe où la vie nous emmène.

— Moi.

Chapitre XVIII – L'usure douce

« Il y a des amours qu'on embrasse même en sachant qu'ils ne nous appartiendront jamais entièrement… parce que l'âme, elle, ne connaît ni statut, ni timing. »

Lettre à l'étoile que j'aimais… même quand elle ne m'appartenait pas

Tu n'étais pas libre…
et je le savais.

Tu avais déjà quelqu'un.
Un homme, un passé, un engagement.
Et malgré ça,
j'ai ouvert ma porte.
Je t'ai laissée entrer…
ou plutôt, je suis entré dans ta vie
par une porte dérobée.

Pas par orgueil.
Pas par jeu.
Mais parce que, dès le début,

je t'ai sentie vraie dans tes contradictions,

belle dans ton malaise,

vivante dans tes silences.

Tu ne m'as jamais promis l'impossible.

Tu étais franche, même dans ton désordre.

Et moi,

j'ai accepté de n'être que l'autre rive.

Le refuge.

Le souffle entre deux obligations.

Je savais que tu n'étais pas à moi.

Et pourtant,

chaque regard, chaque frisson, chaque instant partagé

me criait que quelque part,

ton cœur battait plus fort avec moi.

Mais aimer quelqu'un qui appartient déjà à une autre

histoire,

c'est marcher pieds nus sur du verre.

Chaque moment est beau,

mais il coupe.

Je te regardais partir,

après m'avoir dit que tu te sentais bien,

en paix…

que tu pouvais respirer à nouveau.

Mais tu retournais quand même.

Pas par peur.

Par loyauté.

Parce que tu es cette femme-là :

fidèle, même dans la confusion.

Et moi, je t'aimais…

pas comme un voleur de cœur,

mais comme un homme qui espérait encore

que l'amour finirait par ouvrir une porte.

Mais la tienne est restée fermée.

Pas parce que tu ne m'aimais pas,

mais parce que tu n'étais pas prête à briser

ce que tu avais déjà construit.

Et alors… j'ai choisi de partir.

Pas par manque d'amour,

mais justement…

par excès.

Je t'aimais trop pour continuer à te voir devenir

celle qui trompe,

celle qui ment,

celle qui souffre en silence

pour donner l'illusion d'un bonheur à deux.

Je t'aimais trop pour être le chapitre caché,

le rôle de l'ombre.

Je voulais t'aimer au grand jour.

Mais tu ne pouvais pas.

Je ne t'en veux pas.

Je te comprends.

Et je te demande pardon…

pardon d'avoir pris ta main en sachant déjà

qu'elle n'était pas libre.

Pardon de t'avoir poussée à vivre une passion

alors que ton cœur était déjà tenu ailleurs.

Mais merci…

merci d'avoir partagé avec moi

cette lumière, même fugace,

cette tendresse interdite,

cette vérité muette qui disait :
« si le monde était différent, on serait peut-être tout. »

Aujourd'hui, je m'éloigne,
pas pour t'oublier,
mais pour que tu continues à te regarder dans le miroir
sans baisser les yeux.

Je pars pour te protéger…
de toi, de moi,
et de ce qu'on aurait pu devenir.

Parce qu'il y a des amours
qu'on quitte non par faiblesse,
mais par respect.

— **Moi**

Chapitre XIX – Entre Deux Vagues

« L'amour, parfois, ressemble à une mer calme, puis soudain à une tempête. »

Lettre à celle que j'ai aimée dans l'instabilité

Mon étoile,
Il est des amours qui ne savent pas où elles vont,
qui prennent la forme d'un flot qui monte et descend,
comme les vagues d'une mer qui change de visage.
J'ai aimé dans cette fluctuation,
toujours incertain de ce qui viendrait après.

Ton amour, comme le mien,
n'a jamais été constant.
Des jours d'extase, des jours de douleur.
Des promesses silencieuses, des mots jamais dits,
et toujours ce va-et-vient qui nous a laissés suspendus dans l'air.

Il y a eu des moments où je croyais que tout était parfait,
où ton regard se posait sur moi et où le monde s'arrêtait.

Puis, tout à coup, la distance grandissait,

comme si la mer devenait déchaînée,

et je ne comprenais plus rien,

moi qui me noyais dans ce tumulte.

Aimer ainsi, c'est comme essayer de tenir un vent dans ses mains.

Chaque seconde était précieuse,

et chaque seconde me laissait me demander :

"Est-ce que ce que nous avons est réel,

ou est-ce juste une illusion de nos sentiments ?"

Je te demande pardon,

si mes propres fluctuations ont ajouté à ta confusion.

Je te demande pardon pour les moments où j'étais là,

puis soudainement absent,

lorsque mon cœur était partagé entre ce que je voulais

et ce que je pouvais réellement offrir.

J'ai appris dans cette mer instable,

que l'amour n'est pas toujours linéaire,

et que parfois, il fluctue non parce qu'il est moins vrai,

mais parce que nous, humains, nous sommes complexes,

et ce que l'on ressent un jour, peut se transformer le lendemain.

Mais ce n'est pas la fluctuation de l'amour qui me fait regretter.

C'est le fait de ne pas avoir su naviguer ces vagues avec plus de sagesse,

d'avoir laissé la tempête m'emporter.

J'ai compris qu'il fallait être plus solide,

plus calme face aux vagues de la vie,

plus constant face aux turbulences du cœur.

Je te remercie pour chaque instant,

les hauts et les bas,

parce que tout cela m'a permis de grandir.

Merci d'avoir été ce vent, ce mouvement,

qui m'a appris à ne pas m'effrayer de l'instabilité,

mais à chercher la paix dans les moments de calme,

à comprendre que l'amour ne doit pas être maîtrisé,

mais vécu, dans toute sa complexité.

— Moi.

Chapitre XX – Humain

« L'amour n'est jamais parfait. Il est parfait parce qu'il est imparfait. »

Lettre à celle que j'ai aimée dans toutes nos imperfections

Mon étoile,

Il n'y a pas de perfection dans l'amour,

et pourtant, c'est cette imperfection qui le rend précieux.

Nous n'avons jamais été parfaits,

nous n'avons jamais été les modèles de ce que l'on rêve de voir dans les films,

et c'est ce qui a fait de notre amour quelque chose de réel.

Chaque mot mal dit, chaque geste maladroit,

chaque incompréhension partagée,

tout ce qui n'a pas été parfait

m'a appris à aimer avec mes défauts et les tiens.

Parce que, tu vois, l'amour véritable

ne réside pas dans la recherche de la perfection,

mais dans la capacité d'accepter l'autre
dans toute sa beauté imparfaite.

Je me souviens de nos disputes sans fin,
de nos désaccords qui nous ont éloignés puis rapprochés.
Ce n'était pas la beauté des paroles ou des gestes,
mais la beauté des moments où, malgré tout,
nous nous sommes retrouvés à nous pardonner,
à nous réapprivoiser encore et encore,
en dépit de nos erreurs.

Je te demande pardon pour les moments où j'ai agi sans
réfléchir,
pour les instants où je t'ai laissée dans l'incertitude,
où mes mots ont blessé plus que je ne l'aurais voulu.
Je te demande pardon pour tout ce que j'ai failli être,
et pour tout ce que je n'ai pas été assez.

Mais grâce à toi,
j'ai compris que l'amour n'a besoin ni de perfection ni de
conditions.
Il a besoin de sincérité, d'acceptation, et de patience.
C'est dans nos défauts, dans nos hésitations,
dans nos failles et nos cicatrices,
que l'amour trouve son éclat.

Je ne regrette rien de ce que nous avons vécu,

même dans nos moments les plus durs,

car c'est cette imperfection qui a forgé mon cœur,

qui m'a appris à aimer avec tout ce que je suis,

même ce que je n'aime pas de moi.

Je te remercie,

car tu m'as montré que l'amour ne demande pas à être

parfait,

mais simplement à être vécu,

dans la vérité, la douceur, et la fragilité.

Et je suis profondément reconnaissant

d'avoir partagé tout ça avec toi.

— **Moi.**

Chapitre XXI – Prêt pour Elle

« J'ai aimé, j'ai souffert, mais je suis enfin prêt à t'aimer, toi. »

Tu es là.

Ou peut-être pas encore.

Peut-être que tu me lis en silence,

ou que tu m'attends sans savoir que c'est moi.

Mais une chose est sûre :

je t'ai portée en moi bien avant de te connaître.

Je t'ai cherchée dans les regards, dans les silences,

dans les douleurs que je ne voulais plus revivre.

J'ai aimé mal.

J'ai aimé trop tôt, trop fort, trop vide.

Et chaque chute m'a appris à me relever,

non pour te plaire…

mais pour ne pas te perdre une fois que je t'aurai trouvée.

Je n'ai plus peur d'aimer.

Je n'ai plus peur d'être vulnérable,

ni de dire : j'ai besoin de toi.

Mais pas parce que je suis incomplet,

non…

parce que je veux qu'on se choisisse librement,

chaque jour, sans condition ni attente déformée.

Quand tu arriveras – ou si tu es déjà là –

je veux que tu saches ceci :

je ne viendrai pas avec des promesses creuses,

je ne chercherai pas à te sauver,

je ne t'aimerai pas pour combler un vide.

Je viendrai entier, lucide, présent.

Je serai là pour écouter,

pour accueillir tes humeurs, tes doutes, ton passé.

Et je te donnerai le mien, sans fard ni fuites.

Je n'attends pas que tu sois parfaite.

Je veux juste que tu sois vraie.

Je ne suis plus cet homme fuyant,

ni ce cœur cassé qui aimait à moitié.

Je suis devenu celui qui sait.

Celui qui comprend que l'amour,

ce n'est pas de la possession,

mais de la construction, chaque jour, à deux.

Alors si tu es là…

regarde-moi.

Je suis prêt.

Pas à t'impressionner,

mais à t'accompagner.

Pas à t'attacher,

mais à te choisir.

Pas à te promettre un monde sans heurts,

mais à te tendre la main quand tout tremble.

Et si tu lis ceci un jour,

sache que ce chapitre,

c'est la porte que je te laisse ouverte.

Il n'y aura pas besoin de frapper.

Entre.

— Moi, aujourd'hui.

Conclusion

L'amour, comme une rivière qui serpente et change de direction sans crier gare, m'a souvent échappé. Parfois, il m'a détruit, me laissant avec des blessures que j'ai pris du temps à comprendre. Mais il m'a aussi appris. Il m'a montré que la douleur n'est pas une fin en soi, mais un chemin pour renaître, pour se réinventer.

Ce livre n'est pas une vengeance contre la douleur, ni une tentative de ressasser le passé. Il n'est pas non plus une quête pour réparer ce qui a été brisé, ni un cri désespéré pour récupérer ce qui aurait dû être. Ce livre est une offrande. Une offrande de mots pour apaiser les âmes qui, comme la mienne, ont appris à aimer dans l'incomplétude, à aimer malgré les failles.

Ce n'est pas un livre de consolation facile, mais un miroir tendu à celles et ceux qui, un jour, ont aimé sans retour, ont aimé trop fort ou trop tard. À toi, qui lis ces lignes, peut-être t'es-tu retrouvé dans un chapitre, une phrase, un silence. Peut-être as-tu ressenti cette même douleur, cette même hésitation, cette même quête de sens. Sache que tu n'étais pas seul(e). Derrière chaque histoire racontée ici, il y a un cœur qui a saigné, mais qui, après s'être relevé, a appris à battre autrement.

Je ne suis pas devenu parfait. Il me reste encore des failles, des blessures non cicatrisées, des souvenirs douloureux. Mais j'ai appris une chose essentielle : l'amour ne suffit pas s'il n'est pas libre, lucide, et doux. Il ne suffit pas d'aimer, encore faut-il savoir aimer correctement, avec responsabilité, avec bienveillance, et avec la capacité de voir l'autre pour ce qu'il est, et non pour ce que l'on espère qu'il soit.

J'espère que, quelque part, ces mots t'auront apporté un peu de paix. Et si un jour tu rencontres une personne que tu aimes vraiment, n'attends pas de la perdre pour comprendre sa valeur. Aime-la aujourd'hui. Aime-la de la manière dont tu aurais voulu qu'on t'aime. Aime-la avec tes failles, avec tes forces, mais surtout, aime-la bien. Et n'oublie pas de t'aimer toi-même. Car sans cet amour propre, rien n'est véritablement possible.

L'amour commence avec soi, pour mieux rayonner sur ceux qui nous entourent.

Remerciements

Je tiens à exprimer ma gratitude à toutes les personnes qui ont croisé ma route et m'ont laissé une empreinte. Merci à ceux qui m'ont blessé, sans le vouloir ou en toute conscience. Vous m'avez appris à fortifier mon cœur, à comprendre que la douleur fait partie de la vie, mais qu'elle ne doit pas être une fin, juste une transition.

Merci à ceux qui m'ont aimé, même lorsque je ne me trouvais pas digne de cet amour. Vous m'avez montré la beauté de l'acceptation inconditionnelle, l'importance de l'amour sans attente, sans réserve. Grâce à vous, j'ai compris que l'amour, dans sa pureté, ne demande rien en retour, sauf d'être vécu pleinement.

Merci à ceux qui m'ont quitté sans explication. Parfois, le silence est plus éloquent que mille mots. Et à ceux qui sont restés malgré mes silences, malgré mes doutes, malgré mes blessures : vous avez su voir au-delà de ce que je laissais paraître. Vous m'avez appris la patience, la persévérance, et l'art de rester, même quand il semblait plus facile de partir.

Ce livre existe grâce à vous. Il existe grâce à vos gestes, vos silences, vos présences, et vos absences. Vous avez nourri ces pages de vos histoires, de vos blessures et de vos guérisons. Et à toutes les personnes qui m'ont confié leur histoire, ou dont les silences ont inspiré mes mots, vous avez été une source d'inspiration infinie.

Je vous dois cette vérité : l'amour, sous toutes ses formes, est une richesse infinie, une source d'apprentissage sans fin.

Note de l'auteur

Certaines des histoires que tu as lues dans ces chapitres sont profondément personnelles. Elles viennent de mes expériences, de mes errances, de mes blessures. D'autres, cependant, sont le fruit de mon entourage, de ceux qui ont partagé leur vécu avec moi. Mais toutes ces histoires sont réelles. Elles sont aussi authentiques que les émotions qui les accompagnent, qu'elles soient joyeuses, douloureuses, ou même résignées.

Si tu t'es reconnu(e) dans ces pages, c'est peut-être parce que l'amour, dans ses failles et ses désirs inassouvis, nous rend tous semblables. Nous ne sommes pas si différents dans notre manière d'aimer, d'attendre, de désirer, de souffrir. Nous avons tous un cœur qui bat pour quelqu'un, même si parfois, ce cœur se trouve sur des routes parallèles, qui ne se croisent jamais.

Je ne suis ni moraliste, ni guide. Je ne prétends pas détenir la vérité ultime sur l'amour. Ce que je sais, c'est que j'ai décidé de mettre des mots sur mes douleurs, mes pardons, mes renoncements. J'ai choisi de partager ce qui m'a forgé, ce qui m'a brisé, et ce qui, au final, m'a appris à aimer autrement.

Mon souhait le plus sincère est que ces mots t'apportent un peu de réconfort, de clarté, ou de compréhension. Peut-être qu'un jour, tu regarderais cette lecture et tu dirais : "J'ai compris quelque chose de plus sur moi-même, sur l'amour, sur ceux que j'ai aimés." Et si c'est le cas, alors j'aurai atteint mon objectif.

Merci d'avoir pris ce voyage avec moi.

Derniers mots

À celle qui est présente ou qui viendra après…

J'espère t'aimer sans peur.

J'espère ne pas reproduire mes erreurs.

Et si tu lis ce livre un jour, que tu sois à mes côtés ou non,

sache que tu es la réponse à toutes mes questions

inachevées.

www.ingramcontent.com/pod-product-compliance
Lightning Source LLC
Chambersburg PA
CBHW031225120626
46545CB00003B/995